AF416592

MENTIRAS
DE HORIZONTE

EDITORIAL PRIMIGENIOS

MENTIRAS
DE HORIZONTE

JESÚS ZAYAS ZAYAS

EDITORIAL PRIMIGENIOS

Primera edición, Miami, 2022

© De los textos: Jesús Zayas Zayas
© De la presente edición: Editorial Primigenios
© Del diseño: Eduardo René Casanova Ealo
© De la ilustración de cubierta: Photoshop Eduardo Casanova
ISBN: 9798840688427

Edita: Editorial Primigenios
Miami, Florida.
Correo electrónico: editorialprimigenios@yahoo.com
Sitio web: https://editorialprimigenios.org

Edición y maquetación: Eduardo René Casanova Ealo

A mis padres Julio y Pilar, por la luz que me asiste.
A mis hijos Lily, Yanela y Julio.
A la aplicación androide Any Books, mi única biblioteca.

ANTES DE LA SÓRDIDA BRISA

ARROJAR pupila   garganta
Dejad el océano en la séptima cara
donde arde una pistola
seis caras extranjeras del fuego
estirpe   el dado
Dejad, John Lennon o Beethoven
quizás Schubert
El nombre   nada importa
toda cosa y tú es lo mismo
Es aquí la furia del pone-nombre
el disparo
pero podrás burlar la sombra donde creces
hasta ser sombra
Dejadme aunque sea el último viaje
concierto de hoja y vientos
contra toda fuga que nos duela

Confesión del pasajero de la fiesta

PERO fui única calle

cabeza musical

la ciudad en el molino de tu andar catedral

a las manos

Pero fui luz

no penumbra rumiante   obscena

jinete de tus playas adentro

Ahora   un despertar alucinado

despertar en esta mansión de la fiesta

donde el hombre es aún el perfecto sonámbulo

Esplendor del sur

A los buzos y tanqueros

Es tiempo justo de saltar sobre la nueva propuesta
engullir su cadalso
Mi propia sombra   mañana será colgada
entre los cuervos de Poe
Es tiempo justo de saltar una y otra vez
mientras soy jauría   sangre a pie de página
Tú me conduces entre palabras muertas
y el mundo no es una canción silenciosa
prohibida como pechuga que flota en el viento.

BRISA

sudorosa   plagio

carpintero de Belén

no tiempo extranjero

en la sonrisa

Cristo que se ha ido retornando

náufrago

No corten mis manos que aún vivo

sobre calles mentidas

de un rostro mentido

el plagio del espejo

resucitar la primavera

de esta pecera que habito

Que sueñen los sueños el silencio

cual océano las aguas ilotas

Con sarcasmo

estupideces atizan

sus miedos en el cerrojo

que corta tu garganta mía

Yo soy el Cristo

llaga   la espera

brisa sudorosa en espejo

NADIE

Siempre te gustó extraviarte

patinando la duda que alguien envuelve

como venganza

exprima los ojos el papiro de antes y después

cenar la risa   peces   colores

la diabética locura de un perturbado

que no sueña deglutiendo mis sentidos

humeantes manos

Pilar doliendo la memoria

su gesto y costumbre preservan la necedad

Siempre me gustó extraviarme

en tu pelegrina danza ya sin aureola

sin ojos que perdonar

Ahora salpico el cielo   remanso de cristales

detonando la única cubierta

esta lluvia me recuerda que junto a mí

trepa toda fortuna   este poema

de trozar tablones al aliento

miga de ébano esculpo

bajo la lengua...

firmas   impuestos de nada

impredecible cabriola

el humo   tu risa

diabética locura donde no existo

lanzo al corazón del fuego   la pavesa

el color de los peces

solo el perfume del poema donde nadie

deja de ser nadie

VAYA A LA MIERDA LA DIALÉCTICA DE LAS BOTAS

Vagina   de mis pies desnudos
Vaya a la mierda el Imperio
mi corbata de noche estrellada
carrusel de silencios bajo mi colchón
donde las paredes aplauden
sudo culpas
orino alegrías
el paisaje fosilizado de máscaras
Vaya a la mierda la mierda de hallarme
desterrado en mis palabras

QUIÉN

De este fuego sostener la casa sabia del árbol
Quién silbó los dedos y escupió
el lenguaje secreto de las lluvias
Quién decapitó la vela para justificar mi entierro

Certainties

Lápida
albatros del desierto
escandalosa luz

alabaster
world   your government

sumisa estatura
cielo nosotros

we lonely

el hombre   lengua de tierra enmudecida

reloj de miedo en pestaña

expansión que sentencia

máscara

escenario

cortina

danza

sombra

trapecista en labios de la ausencia

REGRESÉ CON EL SUDOR DE AGOSTO ENTRE CEREZOS

luego de fustigar la objeción de la duda y los vinos

Regresé aun con el sol húmedo

de tu mirar ardiente bajo mi sol

Regresé con el índice acordonado a tu silencio

Firmamento

De callada persecución no más encharcar ruidos
un remo hundiéndose   helada intermitencia
vagina el agua   pero sea salvación en carne viva
y la palabra
peldaño
        a
           peldaño
hasta mancharnos el firmamento

Bienvenido al vuelo

Caigan las paredes caigan
como regala del cobertizo
negada la goleta hecha de pan negro y duro
Ahora ni la generosa sombra de las paredes
será quien te salve de la espera
de la memoria
de ser poeta maldito
negado el pan
Caigan las paredes caigan
bienvenido al paraíso   al vuelo
Barcelona
Nueva York
Honduras
Méjico
Los sueños de la Tierra
emigrarán hacia tu desvelo

Cual gaviota

De una pedrada
muere la transparente imagen
Analogías en espiral   dibujada esponja
La inocencia muere
cual gaviota goteando en los ojos del pez

VESTIGIOS EN LA CIUDAD

A Sergio García Zamora por su acción recíproca

Donde el Inglesito

dispara en la sien

de todas las torturas

sin la contraseña evidencial

del óxido en la caballería

encontramos a Camilo

Camilo columna instantánea

desprovisto de mar

entre los cascos de sangrientas intemperies

entre discusiones y emboscadas

aquí   aprendemos a morir previo aviso

hasta los rostros más deformes del salitre

En este cubilete

la risa se suicida   no la rebelión

de las golondrinas en axilas de un bisonte

Aquí   el Inglesito

con la manigua de ciudad

no puede abaixar su única pierna

atrapado por visos de roja escarcha

no puede perforar la sien

hasta invadirnos

En el trasero del vestiglo

Camilo disuelto en sudores

ardiendo

entre los dedos y el bolsillo

historias de siempre

cuerpo a cuerpo

resistiendo la herrumbre

de grandes conquistas

el perfume calcinado

de la última tórtola

los rostros deformes del grito

pagando un Martí aún somos colonia la guerra

la guerra   sangrienta intemperie

vestigios rodantes en la metrópolis

El Inglesito

       Camilo

         la tarde

           abortando un camello

EPITAFIOS

de los intersticios en piedra
Dios en el declive.

de la mentira

Murió echada bajo la sombra del verbo

en la entrada triunfante de vivir.

al revés

de la muerte

Yace debajo del césped

sobre mis testículos.

A Juan Bautista Rosabal Garcés

del cigarro
Al fin dejé de fumar.

del soñador

Murió deglutido

por la geológica cuarteadura del sueño.

de H. H. Munro (Zaki)

Put that voley cigar out

Apagad ese maldito cigarillo.

del epitafio

Incinerado en las fosas nasales del espejo.

del escritor asesino

Por las salpicaduras de sangre

en la guillotina de una página en blanco.

Entre el rojo y el azul

CIRCUNSTANCIAS

Aquí   en la cornisa alta

nunca existieron sino rostro polimorfo

Cuerpos y guitarra del extraño

Hambre de parir juguetes

Niños que ahora me tuercen cual paisaje oleado

sus ojos

perduran creyéndose auténticos culpables

Las caídas   el sol   de no soñar

Aquí   en la cornisa alta

nunca existieron

Stefan Zweig

Ángel Escobar

Raúl Hernández Novás

Ernest Hemingway

Sí   sombras que cuelgan en la impaciencia

Dintel y ventana aun persistente

tu ciudad inclinada

Aquí   en la cornisa alta

nunca existieron

sino cárcel estática   el país

obreros que cruzan el océano en una farola

El cráneo en fila

Cerveza de farmacia tendida a los difuntos

Aquí   en la cornisa alta

suicidas nunca existieron

sino tercas y roedoras circunstancias.

En este sitio

Del fuste y el fuego todos aplauden

Aquiles rebate como la poesía

la frente del brillo

sangra la fragilidad   en azogue corre

empuja pero corta sin armisticios

en lo posible

Es aquí de un canto magenta

la poesía decretada

abanico retornando en espiral

aplauso sin sombrero

en la frente del domingo

Cuidado

sobre este cuerpo en veda

la séptima cara es el brillo humeante

del cubilete por la pipa

muñecos de cannabis al pulmón de estatua

pulmón   cuadricula voces

          censura

censura

    censura

fumarse la realidad

gallera el cielo   sin rentas

sin deudas en el canto

Todos aplauden

con la llegada de la noche

el Jabao no mata al Indio

Todos aplauden

Un reloj de lluvia niega la tabla

Reguilete   corre   empuja

se detiene como el dado

cual espinas en la córnea

Todos aplauden el pataleo

la sobredosis de agua

muerte de Aquiles

Cuidado

en este sitio los poetas renacen

Como a plato de casca

A Claudio Lahaba

Todos somos de la luz

dibujada ventana en el áncora del muro

pero cerrar los ojos frente al susto

puede ser país al desdibujo

Dejad ondear las sílabas

soplar el polvo

la casa es un pétalo bajo la piel

pétalo de cielo toda la casa

Dejad lamer la espera donde eres estatua

un cincelar de uña   estatua ecléctica

donde la Tierra se hunde en la mordida

de un infarto el bostezo

Todos somos la luz

la masturbación del ojo   nudo

aquí la verdad es un trasatlántico de Mierda Seca

Dejad al poeta abrir los ojos al susto

soplar los muros en el lienzo de Bihzad

donde los turistas pasan

respiran al poeta

como a plato de caca-nueces

*Yo te amo, ciudad
aunque solo escucho de ti el lejano rumor,
aunque soy en tu olvido una isla invisible.*
GASTÓN BAQUERO

A Katiuska García in memoriam

MENTIRAS DE HORIZONTE

Ya sé que llueves en la distancia

y pintamos de caracol y arrecife

la mentira   mi barco papelero

Ya sé del yinyáng

tu rostro a través de la arena

silencio acorazado duermes

el suburbio del cielo

esta ciudad mordida por los peces

Ya sé cuando eras decisión en el azul

un punto   festín de la línea imprecisa

Tu cuerpo tendido como una Isla particular

en la pestilencia del eco foráneo

quemada por la niebla

la cara encendida del iPhone

pero venga mi sombra a mojar tus argucias

de sal y polvo cuando el sol

arrastre vuestro nombre

devorado por clamidias de culpa en la sangre

clamidias que nunca alcanzan la nostalgia

tu palidez real   la cara en blanco del periódico

tus argucias de pescador innombrable

otro punto invisible   otra línea en el retrete

todo el arrecife dentro del cesto

estas mentiras de horizonte

PRIMAVERA

Pero afloramos la herida
grito rumiante del musgo
de paredes con torsos de música
en luna llena de plateados vendavales
pez deshojado
tus piernas insospechables
ciudad de negra cera
desenfrenando acristalada charca
dos hojas extendiéndose
abiertas como una ventana
me deslizo
buscándote
      Primavera

Manos mías

Sé de dos esclavas cenicientas de azote
viento y ala   párpado encantado
Sé de dos esclavas ceñidas al madero
sin grillos
ni cepo
entre sábana rostral
Dos esclavas manos mías

Soliloquio

Espejismo del eco en escrituras de cabezas
todo signo apuntala la ciudad
lejana ciudad
Salto cabeza a cabeza
cóncavo y convexo al mar
abismo sin vacíos   puente
servidumbre sopesando el azar
Tu naturalidad ubicua

DE UNA PALABRA Y OTRA

EL confucionista hinca

borra el lienzo a imagen y semejanza

revoletea en fosforescente nostalgia

el firmamento

sus vísceras   el éxodo

paleta de las aguas

rocas cerdas su mentón azul

                        la nevada

Extraviar mi tiempo

como quien restaura penas en la intensidad
tersa arruga fue mi osamenta
asombro de un velero
Extraviar mi tiempo   mi piada
como quien restaura utopías
imperdonable cuaresma
horizonte que huye a mi rostro

DISCERNIR

Discernir las orejas

como engendro de ambigüedades

Discernir colonias y refugios

la extraña puerta

deportando tu nombre

puertas abiertas

  sin interiores

ORÁCULO

Según los ojos del títere

Entretener la vida sin vida de tiempo
es torpeza del calendario
crimen de los días muertos

La propia extinción de títeres

MÁSCARAS

El domingo ya muerto se resiste modelando
pecho a pecho la sombra del lunes
El lunes como sábado aplaude con desparpajo
la llegada del martes.

Nudo

La muerte nunca llega
oculta nudo sucesivo
insondable equivalencia
La muerte nunca se ha ido
es vuestra sombra   lo que desciende

TAPIZ

Coraza de cuatro labios y ramajes
solo cuando la profunda noche lame
mi tempestad en la renta
tu venganza.

El árbol de cuadraditos ciegos

ha perdido la certeza en el yo
en la sombra de la hojarasca ya es danza
nosotros contra la fuga del viento
Ahora se desgrana eclipsado sin rostro
en la música purpurienta del hacha.

BREVEDAD DE LA RAMA

S

la verdad
no
necesita
refugios
apoda
devasta.

Un elefante congelado en el manglar

no vendrá a redimir tus errores

cobrar o pagar lo inefable

en la oreja del profeta

volver a los inicios

una costilla sobre el error

la costilla y nosotros   impredecibles

Tampoco Jesús encuentra indulgencias

en lo patético del mar.

SEDIENTAS CUENCAS

nacimiento del poeta siempre hurgando

el dolor sonríe

Tú modelas

finges el verano

El poeta sucede como néctar de domingo

espueleado

Sedientas cuencas   lamen   picotean

las hojas huérfanas del libro

Tú sonríes

El poeta cicatriza de tu invierno.

TU ESCLAVO

Tu esclavo   dije
muchacha de ojos crayola marina
En subasta tus líneas
serán naufragio del bolsillo   digo
líneas que soplan el polvo.

UN DOS TRES

Mi padre ignora el hallazgo
en sus axilas construyen la catedral de gratitudes
concilio de bacterias vislumbran
   El fémur
esparce antiguas promesas
La hospitalidad sin médicos y el dolor
piedra a piedra sepulta dolor.

ANUNCIACIÓN

Su mirada en la —mía— nunca dijo nada

                                        más ingente

que la nada de tu perdón.

FLASH

Habitado por luces que cantan
     loco
busca otra cuerda en la música del pie
un ojo   una cara   perfecta sinfonía
contra el mordisco filosofal de sombras.

Un hombre desnudo en el retrete y de espaldas al espejo
se contempla como la mujer que añora.

Esa mujer que asciende cuando desciendo

                  es Sanna Petrova

la esposa del dictador ejecutado por un ejército de pulgas.

Cajas y matices

Según los sistemas

ASOMARSE a los perros

a mariquitas y cachalotes

a la casaca del gallo

es violar nuestra intimidad

De silencio

no pueden morir

los muertos

Costumbre el temblor de lo vaciado

devolver hasta los botones del grito
apodada selva mi cabeza en tus entrañas

Donde las aguas se juntan
más allá del muro
el Zopilote
suele lavar con peces su rostro

La luz tuerce a mi mujer bifurcando fragmentos

Nariz boca se columpian entre las ramas giran
invisibles en el espacio visibles en los ojos del chacal de
patas de cielo hasta Manhattan Allí ladra evidenciando
delirios cuando mi mujer abre las piernas aderezadas con
manzanas totalmente brindadas Ella le grita él no la
oye
El chacal me mira yo le miro con mucha hambre pero
él babea salta y rompe sus colmillos en mi garganta.

LA LLUVIA DESBORDA PLATOS Y JARROS

con partituras como única cena para los guerreros   Olor

a sangre   a labios curtidos   mezcla con el canto del grillo

y el crujir de los estómagos   La lluvia recluta   Salta con

su drama sobre el reloj detenido   a ochenta y nueve

yardas al sur de mi pecera.

RECONCILIACIÓN

A Whitman desde Whitman

Sobre hojas de hierba   dormido a media noche   canto
cielos tan bellos tras la tormenta canto a mí mismo   no
cierren sus puertas   bibliotecas   o dichas pulsaciones
vibrarán en cada página   ¡Hay de los objetos ruines
de una palabra líquida   inquieta   autosuficiente
espesamente rodeada de veleros y trompetines que
suenan las banderas   el sollozo!
Tú mismo escaparás por sendas no holladas por la orilla
del ancho Potomac
Faltar uno es faltar ambos   ¡Oh capitán   mi capitán!

NO TE VAYAS AÚN[*]

Pongo la coherencia y el ritmo
y los poetas vuelven a cantar.
J.Z.Z.

A los que sufren pandemias.

YO era el fiel habitante de tu rostro

el sabio viajero que encanta

la estatua que pedía agua al río negador

No te vayas aún

ven a conquistar la tarde

el aleluya del lucero

las campanas del horizonte

Hay palabras nacidas   palabras en tierra

palabras a un hipotético ser de otro paraje

para ser un poema donde esté tu nombre

hasta el fin del rocío

Yo era el fiel habitante de tu rostro

el loco ante el espejo cuerdo

entre un griterío de luces

mirando el mar

He sabido pedir limosnas

a la noche una canción

---

[*]Texto conformado con algunos títulos de poemas del cuaderno *Casa de las alucinaciones,* del poeta manzanillero Felipe Gaspar Calafell.

hasta encontrarme

No te vayas aún   tiempo

quiero cantar

ya el papel no soporta las palabras

no juegan las nubes en tu sueño

Este pueblo de provincia va a morir

Recorro las calles buscando un rostro donde habitar

al otro lado de la fantasía

Yo no vengo a mirarme en el espejo de Narciso

navegar es buscar un sol en la mirada

si la mirada busca

Ahora tiempo es un puente

un barco sin nadie

los alfilerazos del hastío   los dados

hay veces en que el mar

un griterío

para hablar de la vida

No te vayas aún   tiempo joven

no voy solo hacia el árbol

he viajado en un sueño

Ha llegado el mar hasta mi casa.

ÍNDICE

Del autor

Jesús Zayas Zayas

Escultor y poeta. Formó parte del grupo literario Da Capo. Fue primera mención en cuento en el Tercer Encuentro Literario Poetas del Sur (Las Tunas, 1996). Varios de sus poemas aparecen publicados en boletines y en el compendio *Casa de las alucinaciones,* del proyecto Bancos de ideas Z (La Habana, 1995) y en la revista *Alforja* (México, 1997); también en la recopilación de poetas del evento Al Sur está la poesía (Las Tunas, 1995). Fue finalista en poesía en el Concurso Literario Juan Francisco Sariol, Manzanillo (2018), y obtuvo mención y primer premio, en este mismo concurso, en los años 2019 y 2021.

LISTADO DE TÍTULOS Y PRECIOS DE EDITORIAL PRIMIGENIOS

1. *1932, Dios, revolución y libertad*. Poesía. Carlos Salina Granda (Perú). $5.99
2. *1968 y el cine, Memorias del 3er Encuentro de la crítica cinematográfica*. Compilación de Pedro R. Noa. $9.99
3. *A la sombra del mediodía*. Poesía. Luis de la Cruz Pérez Rodríguez. $7.99
4. *A quién pregunto por mí*. Poesía. Andrea García Molina. $12.99
5. *A veces, cuando el silencio*. Poesía. José Antonio Martínez Coronel. $9.99
6. *Abrazo a un búcaro sin flores*. Poesía. David Montero Figueredo. $6.99
7. *Actos en la tierra*. Poesía. Eduardo René Casanova Ealo. $5.99
8. *Adiós Rembrandt y otros relatos*. Colección de cuentos. Manuel Antonio Morales Felipe. $7.99
9. *Adoptando a Mini*. Novela ilustrada. Marié Rojas Tamayo. $7.99
10. *Agradecido entonces como un perro*. Poesía. Guillermo Hernández Montero. $5.99
11. *Al borde de las piedras*. Poesía. Yans González García. $5.99
12. *Al diablo el que me lo pida*. Narrativa. Nuris Quintero Cuellar. $5.80
13. *Al otro lado del mundo*. Poesía. Eduardo René Casanova Ealo.$5.99
14. *Al sur de los páramos*. Poesía. Miladis Hernández Acosta. $5.99
15. *Alas verdes*. Poesía. Lucy Barroso Hernández. $9.99
16. *Alguien está en las cenizas*. Novela. Marilú Rodríguez Castañeda. $9.99
17. *Alta Definición, antología de cuentos inspirados en los medios de comunicación audiovisual*. Barbarella D´Acevedo. $9.99
18. *Amalgama*. Poesía. Ileana Hernández Goicochea. $12.99

19. *A-Mar*. Novela. Marlene E. García. $5.99
20. *Ámbito de amar, la poética de Rafaela Chacón Nardi*. Ensayo. Mayra del Carmen Hernández-Menéndez. $9.99
21. *Amores difíciles*. Periodismo. Leonardo Depestre Cantony. $7.99

22. *Anita Mur*. Novela. Frank David Frías Rondón. $9.99
23. *Ante la misma puerta*. Poesía. Gilda Guimeras. $4.99
24. *Antes de amancebarme con la enana zíngara contorsionista*. Narrativa. Alberto Garrandés. $9.99
25. *Antología Memorable: poemas para no olvidar*. Poesía. Selección de Juan Carlos García Guridi. $7.99
26. *Antología Voces dispersas: Once mujeres poetas*. Poesía. Miladis Hernández Acosta e Ivonne Sánchez-Barrea. $7.99
27. *Aquellos ojos verdes*. Narrativa. José Luis Riverón Rodríguez. $7.99

28. *Arcos fracturados*. Narrativa. Manuel Roblejo Proenza. $5.99
29. *Así hablamos los cubanos*. Ensayo. Orlando Adán. $20.00

30. *Autos de duda*. Poesía. Niurbis Soler Gómez. $5.99
31. *Bajo la rueca*. Narrativa. Luis de la Cruz Pérez Rodríguez. $5.99
32. *Bajo las órdenes del silencio*. Cuentos. Alejandro Martínez Sánchez. $7.99
33. *Balada de tus ojos*. Poesía. Ray Nelson Pons Días. $5.99
34. *Bestias del paraíso*. Poesía. Roberto Frank Valdés. $5.99
35. *Bitácora de un paria*. Poesía. Yerandy Pérez Aguilar. $12.99
36. *Blasfemia del escriba*. Cuentos. Alberto Guerra Naranjo. $11.99

37. *Breves estudios en torno a la soledad*. Poesía ilustrada. Esther Suárez Durán. $7.99
38. *Cabalgar la zoo-política: Aproximaciones a una posible revolución indoamericana pospandemia*. Ensayo. Carlos Salinas Granda. $5.99
39. *Cacería*. Narrativa. José Hugo Fernández. $7.99
40. *Cancionero español: (Álbum de covers) Volumen 1*. Narrativa. Alejandro Langape. $9.99
41. *Ánto a mi cabeza loca (Dinámica del cuerpo)*. Poesía. Claudette Betancourt Cruz. $5.99

42. *Cartas a Leandro*. Narrativa. Ramón Díaz-Marzo. $9.99
43. *Casco de Dios*. Poesía ilustrada. Marié Rojas Tamayo. $9.99
44. *Cenizas al viento*. Cuentos. Teresa Medina Rodríguez. $9.99
45. *Círculos de agua: nacidos después de los 80*. Antología de cuentos. Dulce M. Sotolongo. $9.99
46. *Columpios de la suerte*. Poesía. Minerva Pérez Corcho. $5.99
47. *Como arrullo de tórtolas*. Poesía cristiana. José Luis Riverón Rodríguez.$7.99
48. *Como el río del tiempo: una mirada a la obra de Leonel Cobo a través del verso rimado*. Poesía y obras plásticas. José Luis Riverón Rodríguez. $15.00
49. *Como en un sueño, la vida*. Poesía. José Antonio Martínez Coronel. $5.99
50. *Como salir de un país*. Poesía. Ricardo López. $5.99
51. *Como una mancha de peces*. Narrativa infantil. Miguel Ángel González Pérez. $5.99
52. *Con ojos de piedra y agua*. Poesía. Ana Margarita Valdés Castillo. $5.99
53. *Con un par de alas tremendas: Sonetos de vuelo popular*. Poesía. Juan Carlos García Guridi. $5.50
54. *Concierto para Denysse*. Poesía. Luis Mariano (Lewis) Estrada Segura. $5.99

55. *Confesiones de mujer*. Poesía. Yasmín Sierra Montes. $5.99
56. *Conjuro de diamante*. Poesía. Juan Carlos Mirabal. $13.99
57. *Conjuro de diamantes*. Poesía. Juan Carlos Mirabal. $ 13.99 y $9.00
58. *Conspiración en La Habana*. Novel. Eduardo N. Cordoví Hernández. $19.99
59. *Corrimiento al rojo*. Poesía. Benito Martínez Martínez. $7.99

60. *Cosa más grande la vida!* Humor. José Luis Riverón Rodríguez. $7.99
61. *Cosas de un niño grande*. Infantil. Hebert Poll Gutiérrez. $5.99

82. *Cúmulos nimbos.* Poesía. Isbel G. $5.99
83. *Curvas sobre la superficie del objeto.* Poesía. Anisley Miraz Lladosa. $5.99
84. *De picha, y señor mío.* Narrativa. José Luis Riverón Rodríguez. $7.90
85. *De poesía y poetas.* Ensayo. Armando Landa Vázquez. $9.99
86. *De tiempos y siluetas.* Poesía. Yarelis Gandul Cabrera. $15.99
87. *Décima para mi princesa.* Poesía. Katia Pérez Padrón. $5.99
88. *Defensa siciliana 115 partidas magistrales.* Ajedrez. Félix Raúl Pérez Hernández. $12.99
89. *Desde mi ventana.* Poesía y relatos. Irene Castillo. $7.99

90. *Desnuda ante tus ojos.* Narrativa. Jenny Díaz Valdés. $5.99
91. *Después de la Caída.* Poesía. Miladis Hernández Acosta. $9.99
92. *Dientes de perro.* Crónicas. Manuel Pereira. 19.99
93. *Diez cuentos que estremecieron a Cuba.* Narrativa. Carlos Esquivel. $9.99
94. *Dodo danza sobre un dado.* Poesía. Sergio Trincado Torres. $14.99
95. *Donde anida el colibrí.* Narrativa. Zuleica Ruíz Peix. $6.00
96. *Donde el espejo no llega.* Poesía. José Antonio Martínez Coronel. $5.80
97. *Donde los ojos lavan sus imágenes.* Poesía. Ramón Elías Laffita. $9.99

98. *Donde termina la mirada.* Poesía. Norge Sánchez. $12.03
99. *Dos libros de Guerra (escrito a cuatro manos).* Poesía. Félix Guerra Pulido y Félix Alexis Guerra Menéndez. $9.99

100. *Duendes del domingo.* Libro infantil ilustrado. Daimy Díaz Laborda. $10.99
101. *Dulce café.* Poesía. Rafael Vilches Proenza. $5.99
102. *E. A. Vol. 1 Breve antología del taller de literatura fantástica y de ciencia ficción "Espacio Abierto".* Daniel Burguet y Abel Guelmes Roblejo. $9.99
103. *Ejercitar el criterio.* Crítica de narrativa. Waldo González López. $12.99

104. *El agua rota de los sueños*. Poesía. Alejandro Rejón Huchin. $5.99

105. *El ángel en la sombra*. Poesía. Raudel Sosa Pérez. $5.99

106. *El árbol de mi alma*. Poesía. Vivián Suárez García. $5.99

107. *El cacique Turquino*. Cuentos ilustrado. Norge Sánchez. $9.99

108. *El cagüeiro negro*. Narrativa. Eduardo Báez. $14.99

109. *El camino*. Literatura cristiana. Jesús Cardoso López. $7.99

110. *El carcaj pleno de colores*. Ensayo sobre la obra del pintor Domingo Ramos Enríquez. Ana Julia Gutiérrez Ulloa. $5.99

111. *El cocinero, el sommelier, el ladrón y su (s) amante (s)*. Ensayo. Frank Padrón. $45.99

112. *El desventurado domingo de Dominga*. Libro ilustrado para niños. Noel Silva González. $12.99

113. *El dolor de ser vivo*. Poesía. Ronel González Sánchez. $7.99

114. *El eco del silencio*. Poesía. Teresa Medina Rodríguez. $9.99

115. *El fuego del ángel*. Poesía juvenil. Miladis Hernández Acosta. $5.99

116. *El fúnebre cantar del cisne blanco*. Poesía. Guillermina Consuelo Samsaricq González. $5.99

117. *El girasol*. Novela de ciencia ficción. Jonathan Sánchez. $7.99

118. *El heno a cuestas: crónica de un duet(l)o en torno a la comunidad*. Ensayo. José Luis González-Almeida. $13.99

119. *El idilio de los iguales*. Narrativa. Alberto González. $7.99

120. *El imperio del silencio: A través del lenguaje de las tumbas, un recorrido por el Cementerio Cristóbal Colón de La Habana*. Ensayo novelado. Mario Darias Mérida. $39.99

121. *El juego de la memoria. Poesía en décima*. Poesía. Alberto Edel Morales Fuentes. $13.99 (Tapa dura) y $7.99 (Tapa blanda)

122. *El legado de los Rep*. Ciencia Ficción. José R. Barbón Hernández. $7.99

123. *El libro del caos*. Poesía. Francisco (Paco my friend) Guzmán Rivero. $7.99

124. *El maravilloso mundo de las libélulas.* Colección Eureka, ciencia y técnica. Jose M. Ramos Hernández. $7.99

125. *El maravilloso viaje de Kiko y ratón.* Narrativa. Manuel Roblejo Proenza. $5.99

126. *El marmolito mágico.* Juvenil. Gabriela Sánchez. $9.99

127. *El martillo de plata.* Juvenil. Lesbia de la Fé. $7.99

128. *El momento de las iniciaciones.* Poesía. Osmari Reyes García. $5.99

129. *El monasterio interior.* Poesía. José Antonio Martínez Coronel. $9.99

130. *El nacimiento de la conciencia histórica. Conferencias en la Universidad del aire dictadas por Maria Zambrana.* Daniel Céspedes Góngora. $5.99

131. *El onceno mandamiento.* Narrativa. Marié Rojas Tamayo. $10.99

132. *El oro del imperio.* Poesía. Miladis Hernández Acosta. $9.99

133. *El personaje y su leyenda.* Historia. Leonardo Depestre Catony. $7.99

134. *El polvo rojo de la memoria.* Novela. Eduardo René Casanova Ealo. $5.99

135. *El puente y otros relatos.* Narrativa. Eduardo René Casanova Ealo. $5.99

136. *El que a buen humor se arrima, buen buena lo acobija.* Caricaturas. Ernesto Rodríguez Castro (Beli). $10.99

137. *El reino perdido de la Zapatucia.* Infantil. José Luis Riverón Rodríguez. $5.99

138. *El Rincón de san Lázaro, historia, tradición y cubanía.* Ensayo. Eduardo Milián Bernal. Edición de lujo. $25.00

139. *El Rincón de san Lázaro, historia, tradición y cubanía.* Ensayo. Eduardo Milián Bernal. Edición estándar. $15.00

140. *El rosario del hombre de ceniza.* Poesía. Álex Padrón. $5.99

141. *El secreto de la luna.* Juvenil. Griselda Leonor Rodríguez Pimentel. $7.99

208. *La furia de los vientos*. Testimonio. Pedro Armando Junco. $12.99
209. *La Gallina golondrina*. Infantil ilustrado. Norge Sánchez. $9.99
210. *La gruta del lobo*. Narrativa. de Hamlet Gómez. $12.99
211. *La Habana convida. Antología poética por el 500 aniversario de la ciudad*. Eduardo René Casanova Ealo y 79 poetas. Edición de lujo. $70.00
212. *La Habana convida. Antología poética por el 500 aniversario de la ciudad*. Eduardo René Casanova Ealo y 79 poetas. Edición estándar. $15.99

213. *La Hechicera*. Narrativa. Yasmín Sierra Montes. $9.99
214. *La herencia de los buenos muertos, compilación de obras presentadas al Concurso Internacional de cuentos*. Compilación. Eduardo René Casanova Ealo. $19.00
215. *La isla de las hormigas rojas*. Poesía. Luis Mariano Estrada (Lewis). $5.99

216. *La isla del espanto y otros cuentos*. Narrativa. de Gisela Lovio. $12.99
217. *La isla preterida*. Poesía. Miladis Hernández Acosta. $23.60

218. *La Larga*. Narrativa. Ángel Osiris Milián. $15.99
219. *La luna frente al espejo*. Poesía. Luis Mariano Estrada (Lewis). $7.99
220. *La música del árbol*. Poesía. Adalberto Hechavarría Alonso. $6.99
221. *La oscura escalera*. Novela. Ramón Díaz-Marzo. $6.99
222. *La patria es una naranja*. Poesía. Félix Luis Viera.$8.99

223. *La peña de Horeb*. Poesía. José Antonio Martínez Coronel. $6.99
224. *La plaga en el valle del Belanús*. Novela. Manuel Quintero Pérez. $9.99

225. *La sangre del marabú*. Narrativa. Argenis Osorio Sánchez. $7.99
226. *La sombra de Sísifo*. Poesía. José Antonio Martínez Coronel. $5.99
227. *La sombra que pasa*. Poesía. Miladis Hernández Acosta. $7.99
228. *La veda del dinosaurio*. Narrativa. Edgar Estaco Jardón. $5.99

229. *La venganza del contrario.* Narrativa. Odalys Leyva Rosabal. $7.99
230. *La vida húmeda.* Cuentos. Carlos Alberto Casanova. $7.99
231. *La violencia para vivir, la muerte es el alivio.* Ensayo. Dr. Octavio Gárciga Ortega. $15.99
232. *La virgen sumergida o cómo mataron a Charo.* Narrativa. José Luis Riverón Rodríguez. Edición a todo color. $30.00
233. *La virgen sumergida o cómo mataron a Charo.* Narrativa. José Luis Riverón Rodríguez. Edición estándar. $9.99
234. *Las arenas del tiempo.* Poesía. José Antonio Martínez Coronel. $5.80
235. *Las colinas de Potomac, antología mínima.* Poesía. Eduardo René Casanova Ealo. $15.99
236. *Las dunas de la espera.* Poesía. José Antonio Martínez Coronel. $5.58
237. *Las hadas calzan botas.* Poesía infantil ilustrada. Clara Lecuona Varela.$12.99

238. *Las Hijas de Sade.* Novela. Guillermo Vidal y Maria Liliana Celorrio. $9.99
239. *Las náufragas porfías.* Ensayo sobre la obra de Dulce María Loynaz de Miladis Hernández Acosta. $7.99
240. *Las rosas que mañana (un museo para Dulce María).* Poesía. Mariana Enriqueta Pérez Pérez. $7.99
241. *Las sendas escabrosas.* Poesía. Yasmín Sierra Montes. $5.50
242. *Las tablillas de Diógenes.* Poesía. Eduardo René Casanova Ealo. $7.26
243. *Laurel y orégano, la hora en que no muere nadie.* Narrativa. Marié Rojas Tamayo. $19.99

244. *Laverna.* Poesía. J. W. Riter. $5.99
245. *Lengua de sapo, relatos hiperbreves.* Narrativa. Edgar Estaco. $9.99
246. *Levitas del siglo XXI.* Ensayo. José Luis Riverón Rodríguez. $7.99
247. *Libro de los prójimos.* Poesía. Miladis Hernández Acosta. $7.99

248. *Libro negro del desencantado*. Poesía. Eduardo René Casanova Ealo. $12.99

249. *Los años del principio*. Novela. José Gutiérrez Cabanas. $15.99
250. *Los blancos territorios, antología creciente*. Poesía. Miladis Hernández Acosta. $17.99

251. *Los caminos del agua*. Poesía. Armando López Carralero. $5.99
252. *Los cerezos de tu vientre*. Novela. Yasmín Sierra Montes. $15.99
253. *Los Césares perdidos*. Poesía. Odalys Leyva Rosabal. $6.99
254. *Los cuentos más tontos del mundo*. Narrativa. Ronel González Sánchez. $9.99

255. *Los días nuestros*. Poesía. Mayda Milián Ortiz. $6.99
256. *Los enanos de corazones*. Cuentos. Aymee Corominas. $5.99
257. *Los hilos de Ariadna*. Narrativa. José Antonio Martínez Coronel. $15.50
258. *Los imponderables reinos*. Poesía. Miladis Hernández Acosta. $5.99
259. *Los independientes de color*. Poesía. Armando Landa Vázquez. $9.99
260. *Los mapas del tiempo*. Poesía. Álex Padrón. $10.00
261. *Los maravillosos viajes de Globito*. Infantil ilustrado. Clara Lecuona Varela. $12.99
262. *Los misterios de la torre: El muerto del pozo*. Novela. Mario Luis López Isla. $9.99
263. *Los Naranjos*. Novela. Salomón Leroux. $9.99
264. *Los números*. Ilustrado para niños. Narely Plasencia Rodríguez. $9.99
265. *Los ojos tras la ventana*. Cuentos. Roberto J. González. $7.99
266. *Los peces no lloran*. Poesía. Julián Dimitri Tamayo Carbonell. $7.99
267. *Los remedios de Remedios*. Crónicas. Roberto Santiago González. $19.99

268. *Los sutiles vástagos: poemas dispersos.* Poesía. Milho Montenegro. $5.80

269. *Love Trough Time, History and Mystery.* Novela. Salomón Leroux. $9.99

270. *Luna de aire.* Poesía infantil ilustrada. Yolanda Felicita Rodríguez Toledo.$9.99

271. *Lunaciones, antología personal.* Poesía. Rafael Vilches Proenza. $7.99

272. *Lunes primero.* Narrativa. Pablo Virgili Benítez. $5.99

273. *Luz de apocalipsis.* Poesía. Armando López Carralero. $7.99

274. *Luz de mágica sombra.* Poesía. Yasmín Sierra Montes. $5.90

275. *Luz y polvo en el granero.* Poesía. Reinol Cruz Díaz. $5.99

276. *Madre de cal.* Narrativa. Yasmani Rodríguez Alfaro. $ 7.99

277. *Malas palabras.* Poesía de Norge Sánchez. $7.99

278. *Manet y el paraíso de las pesadillas.* Novela. Titania Dreamer. $9.99

279. *Maravilloso zoológico.* Ilustrado para niños. Pilar Doris Gálvez Martínez. $12.99

280. *Más solo que la Luna.* Narrativa. José Alberto Collazo Oramas. $5.99

281. *Máscaras.* Poesía. Lázaro Alfonso Díaz. $5.99

282. *Mata.* Novela. Raúl Aguilar. $6.99

283. *Mataperros.* Novela. Manuel Pereira. $9.99

284. *Me declaro inocente.* Cuentos. Pedro Pablo Morejón López. $7.99

285. *Memorias de un kamikaze.* Poesía. Jorge Yassel Valdés Reyes. $6.99

286. *Memorias del abismo.* Poesía. Miladis Hernández Acosta. $5.99

287. *Miami, mi rincón querido. Antología ilustrada de cuento y poesía.* Eduardo René Casanova Ealo. $32.99

288. *Mirar, sufrir, gozar...La Habana.* Novela colectiva. Coordinador del proyecto: Lázaro Díaz Cala y Yoss. $11.99

289. *Misa de ratones: nueve monólogos teatrales.* Teatro. Edgar Estaco Jardón.$7.99

311. *Otros siete contra Tebas, entrevistas.* Entrevistas. José Luis Riverón Rodríguez y Yari Amedo. $9.99

312. *Pa´Cuba ni muerto.* Testimonio. Norge Sánchez. $9.00

313. *Pagar para ver.* Novela. Frank Correa. $12.99

314. *Páginas finales de la náusea.* Teatro. Miguel Terry Valdespino. $8.99

315. *País sin moscas y otros poemas.* Poesía Edición tapa dura. Félix Anesio. $19.99

316. *País sin moscas y otros poemas.* Poesía. Félix Anesio. $10.99

317. *Palabras en el vino.* Poesía. Alejandro Tomás Román Olivera. $7.99

318. *Pan con mantequilla.* Cuentos. Ramón Díaz-Marzo. $8.99

319. *Pasajero del olvido.* Poesía. Manuel González Busto. $7.99

320. *Paulette.* Cuentos. Osvaldo S. Reina Rodríguez. $9.99

321. *Pequeño diario de la Gran Zafra.* Testimonio. Carlos Julio Larramendi Rodes. $10.99

322. *Pero no me toques.* Narrativa. Bertha María Gómez Sedano. $5.99

323. *Perversas mujeres contra el muro. Colección erótica de cuentos.* Odalys Leyva Rosabal. $19.99

324. *Pesadilla, tragedia y fantasmas de neón.* Cuentos de ciencia ficción. Álex Padrón. $7.99

325. *Pesquería lunar.* Poesía infantil ilustrada. Jorge Morales Morales.$5.50

326. *Philosophia Naturalis Principia Poética Matemática.* Poesía. Armando Landa Vázquez. $7.50

327. *Piano Afinado.* Poesía. Norge Sánchez. $7.99

328. *Piedra para Obatalá.* Ensayo. Yoel Enríquez Rodríguez. $7.99

329. *Piedras a los varones.* Cuentos. Taimi Dieguez Mallo. $7.99

330. *Piezas para reparar un trino.* Teatro. René Fuentes. $9.99

331. *Pilares extendidos: diez maneras de conocer a José Martí.* Ensayo. Daniel Céspedes Góngora. $8.00

332. *Poemas breves para niños traviesos.* Poesía. Ángel Larramendi Mecías. $5.99

333. *Poetas cubanos en canarias. Antología.* Juan Calero Rodríguez. $9.99

334. *Por culpa del amor.* Novela. Teresa Medina Rodríguez. $15.99

335. *Por el camino verde:* Apreciación en décimas a la obra de José Suárez Verde. Ensayo. José Luis Riverón Rodríguez. $18.99

336. *Porque la lluvia no cesa.* Poesía. Yolanda Felicita Rodríguez Toledo. $5.99

337. *Porque los muros ya tienen moho.* Poesía. Yakelín Cárdenas García. $7.99

338. *Primigenios, el cuerpo lírico de una nación.* Semanario compilado por Eduardo René Casanova Ealo. $7.99

339. *Profecía maldita.* Novela. Rafael Martínez Castellanos. $7.99

340. *Puertas, boleros y cenizas.* Poesía. Yuray Tolentino Hevia. $6.99

341. *Pura coincidencia.* Cuentos. José Luis Pérez Delgado. $7.99

342. *Quirubín, el de Changa.* Novela. Noelio Ramos Rodríguez. $7.99

343. *Rabota.* Narrativa. Armando Landa Vázquez. $7.00

344. *Rani y la charca misteriosa.* Novela juvenil. Ana Rosa Díaz Naranjo. $9.99

345. *Recapitulación.* Poesía. Dorge Rodríguez Hernández. $7.99

346. *Retablos.* Poesía. Pedro Evelio Linares.$12.99

347. *Retazos.* Poesía. Ana Ivis Cáceres de la Cruz. $7.99

348. *Revisitación al Monte Fuji.* Poesía. Armando Landa Vázquez. $10.99

349. *Revolicuento.com* Cuentos. Rafael Grillo. $9.99

350. *Revoloteos.* Infantil ilustrado. María Ondina Niebla. $14.99

351. *Rizoma.* Cuentos. Alfredo Pérez Muñoz. $7.99

352. *Rostros de Hollywood en La Habana.* Crónicas. Leonardo Depestre Catony. $9.99

353. *Rostros.* Cuentos. Lisbeth Lima Hechavarría. $7.99

354. *Russian Brindis.* Teatro. Juan José Jordán. $5.99

355. *Salmos por Denisse*. Poesía. Yolanda Felicita Rodríguez Toledo. $3.99

356. *Salsiquieres city*. Narrativa. Teresa Medina Rodríguez. $5.99

357. *Saltarina y el majá rastrero*. Infantil ilustrado. Delsa López Lorenzo.$13.99

358. *Santa Fe y otros relatos teatrales*. Teatro. Edgar Estaco Jardón. $10.00

359. *Secuelas del caos*. Poesía. Ana Ivis Cáceres de la Cruz. $9.99

360. *Secuestro*. Policíaco. Ada Ofelia González Rizo. $9.99

361. *Sexualidad femenina, el paraíso del placer*. Dr. Octavio Gárciga Ortega PhD. $12.99

362. *Siéntate y mira: Crítica, comentarios y ensayos sobre cine*. Crítica cinematográfica. Daniel Céspedes Góngora. $10.99

363. *Silencios de un especial periodo*. Poesía. Juan Francisco González-Díaz. $5.99

364. *Simplemente José Antonio*. Cuentos. Julio Alberto Medel. $9.99

365. *Sin oxígeno, sin Cristo*. Cuentos. Rogelio Riverón. $9.99

366. *Solo en medio del mundo*. Poesía. Norge Sánchez. $5.99

367. *Subdesarrollo Pérez, ¡Qué envolvencia!, El arte de la simulación*. Arístides Pumariega y Rebeca Ulloa. $12.99

368. *Temblor de hoja rota*. Poesía. Armando López Carralero. $7.99

369. *Thanatos y Eros*. Poesía. Álex Padrón. $7.99

370. *The Watchers*. Novela (en inglés). Asley L. Mármol. $15.99

371. *Tiempo*. Poesía de Bernardo Javier Castro Reyes. $7.99

372. *Todas las madrugadas*. Narrativa. Manuel Roblejo Proenza. $5.99

373. *Todos vivimos en Oz*. Cuentos. Edición de lujo. Marié Rojas Tamayo. $40.00.

374. *Todos vivimos en Oz*. Cuentos. Edición estándar. Marié Rojas Tamayo. $12.99

375. *Torres de marfil*. Narrativa. Yonnier Torres Rodríguez. $7.99

376. *Trampas de amor*. Poesía para niños. Carlos Ettiel. $14.99

377. *Tras el telón de celuloide: Acercamiento al cine cubano.* Crítica cinematográfica. Antonio Enrique González Rojas. $7.00
378. *Traumas.* Cuentos. Osmel Iglesia. $7.99
379. *Travesía al desnudo.* Poesía. Wendy Calderón Veloso. $5.99
380. *Tus luces sobre mí.* Narrativa. Maritza Vega Ortiz. $7.99
381. *Un grafiti en los ladrillos.* Poesía. Hansrruel Aldana Cabrera. $5.99
382. *Un pueblo con suerte.* Ilustrado para niños. Andrés Cobo García. $9.99
383. *Un rey sin corona.* Novela. Frank Correa. $7.99
384. *Un tren delirante.* Novela. Alina Moreno. $9.99

385. *Un triste cepillo de dientes.* Narrativa. Norge Sánchez. $7.99
386. *Una ciudad sin lágrimas.* Miriam Peña Leyva. $5.99

387. *Una cosa es con guitarra.* Poesía. José Luis Rodríguez Alba. $5.99
388. *Una mujer es...* Poesía. Juan Francisco González-Díaz. $5.50
389. *Uno por aquí y yo, en la pandilla del barrio.* Novela. Noelio Ramos Rodríguez. $7.99
390. *Uvas para llevar a la boca.* Poesía. Lucy Maestre. $7.99

391. *Valbanera: Naufragio, misterio y leyenda.* Ensayo. Mario Luis López Isla. $12.99
392. *Vértigos.* Poesía. José Poveda Cruz. $5.99
393. *Vienen... vienen los americanos.* Cuentos. Rebeca Ulloa. $7.99
394. *Viento de cenizas.* Poesía. Miladis Hernández Acosta. $8.99

395. *Xarahlai La Gitana.* Narrativa. Xiomara Maura Rodríguez Ávila. $9.99
396. *Y a todo a media luz.* Narrativa. Teresa Medina Rodríguez. $6.99
397. *Ya comienza el otoño.* Haikus. Lázaro Alfonso Díaz Cala y Aida Elizabeth Montanarro Torres. $5.99
398. *Yo también soy ellas.* Poesía. Yuray Tolentino Hevia. $5.99